दरिया स्याही का

अभय सिंह राठौर

"यह पुस्तक
मेरे मम्मी-पापा, मेरी प्यारी बहनों
और उन चार अनमोल रत्नों –
कविष, ओजस्वी, अंश और विराट – को समर्पित
है,"

"आप सभी की मौजूदगी मेरे जीवन की सबसे सुंदर
कविता है।"

क्रम-सूची

1. प्रथम खंड

"स्वयं के हृदय से मैं हर रोज़ छला जाता हूं,
तू मेरी राधा और मैं कृष्ण सा हो जाता हूं।"

"एक ख़फ़ीफ़ पत्थर मैं, मूरत में ढाला जाता हूं
शिव का मस्तक तू, मैं गंग की धारा हो जाता हूं।
वज़ूद मेरा तुझसे है , तुझमें विलीन हो जाता हूं
तू ठहरा सागर और मैं दरिया सा हो जाता हूं।"

"महताब मोहब्बत, सितारे रक़ीब भी है यहां,
महताब मोहब्बत, सितारे रक़ीब भी है यहां।
चांदनी नज़र तेरी, मैं भी चकोर बन जाता हूं।
तू मेरी राधा और मैं कृष्ण सा हो जाता हूं।"

"गर जो संगम हो तुझसे मेरा, मैं और पवित्र हो
जाता हूं।
तू मेरी हिंदी और मैं उर्दू सा हो जाता हूं।"

"यहाँ इक सन्नाटा सा पसरा था गलियों में पर

आज एक आवाज़ सी गूंजी है, कहीं तुम तो नहीं हो"

"पल भर में मुँह फेरने का हुनर खूब आता है तुमको
आज एक और राब्ता टूटा है, कहीं तुम तो नहीं हो"

"बरसों लग जाते है वो दक़ीक़ दरारें भरने में यारब
अब कोई और गहरी कर रहा है, ये तुम तो नहीं हो"

"सब अपने समेट रखे है मैंने आज अंजलि में अपनी
बस ये जो छलक सा गया है, कहीं तुम तो नहीं हो"

"बातिल काली बदरियों सी तू, जो न बरसे कभी
हाय ये जो अब बरस रहा है, कहीं तुम तो नहीं हो"

"एक पलड़ा है ग़म का, एक पलड़े में रखते है जाम
ये जो अब तक पी रहा है, कहीं तुम तो नहीं हो"

❧❧❧

"नाराज़गी जायज़ है पर मुँह न फेर मुझसे
हाले मोमिन क्या होगा गर खुदा रूठ जाए"

"स्वादे मुहब्बत लगा है इस फ़कीर दिल को
हिम्मत न होगी जो फिर से महरूम हो जाए"

"अंदाज़ कुछ अनोखा है महबूब के रूठने का

मान गए हो तो आँखों से बस एक इशारा हो जाए"

"तेरी मुस्कराहट की बारिशों से बयाबां ये गुलज़ार हो
क्या भीड़ हो मैख़ाने में जो एक नयी शाम हो जाए"

❧❧❧

"बेसुध हूँ मैं, मेरे इर्द गिर्द न घूमा करो
मेरे सा यहाँ अब तोड़ता कौन है"

"हुनर ये सीखा है हमने भी किसी बेवफ़ा से
तालीम में फिर ये सीखता कौन है"

"यूँ टूटा था कुछ आंसूं गिरते थे समेटने में
बस देखते है अब जोड़ता कौन है"

"ढह जाने देता मैं आज दीवार ये दिल की
पर दूसरी तरफ ये खड़ा कौन है"

"मुलाक़ात होगी उनसे भी कभी राहों में
देखेंगे वो भी ये आईना कौन है"

❧❧❧

"आज उन गलियों में आना हुआ, जहाँ कल तक
आते थे कायर

भीड़ सी है मैख़ाने में, दिल टूटने का मौसम है
शायद"

"अरसों की मुहब्बत तेरी और ये दो पैमाने शायर
ग़लतफ़हमी है तेरी ये ग़म भुला देंगे शायद"

"होश ओ हवास खो कर जो अपने घर गया
लाख बचाया जाम को मगर छलक ही गया"

दो बूँद इधर गिरी, दो बूँद उधर
और सारी दुनिया को पता चल गया

ঝঝঝঝ

"तू शायरी सी लगती है, तेरा शायर हो जाऊं
पढ़ के तुझको थोड़ा, मैं बदनाम हो जाऊं"

"आशिक़ नहीं मैं नया यूँ ही कुर्बान हो जाऊं
बदनामी से पहले ज़रा, मैं बेनाम हो जाऊं"

"कमबख्त अंगड़ाई ले रही है जवानी तेरी
एक नज़र देख ले जो, मैं जवां हो जाऊं"

"तू शीशी कांच की, मैं इत्र ए गुलाब हूँ
मामून रख आग़ोश में गर, मैं हवा हो जाऊं"

"बेवफ़ाई से है बुग़्ज़ मुझे पर उनमे से नहीं

नादानियों से तेरी जो मैं ख़फा हो जाऊं"

"मेरे शेर पढ़ा करते है मेरी वफ़ा के किस्से
बेबाकी न होगी जो, मैं बेवफ़ा हो जाऊं"

❧❧❧

"मैं कश्ती हूँ, तू मेरी पतवार हो जा
तनहा सा है नाविक, तू सवार हो जा"

"मैं नाज़ुक कलि, तू मेरा शूल हो जा
प्यासा है ये भौंरा, ज़रा तू फूल हो जा"

"जलाता है दिया, तू मेरी हवा हो जा
जलता है ज़ख्म, आ मेरी दवा हो जा"

"धूल जमी है, तू पत्तो पर शबनम हो जा
लाख़ धकेलूं दूर, तू मेरी जबरन हो जा"

"हूँ निराला सा मैं, तू भी अजीब हो जा
बदनसीब हूँ मैं, तू मेरा नसीब हो जा"

❧❧❧

"दिया है सबूत वफ़ा का, कोई सरेआम कर दो
नामी आशिकों से कम नहीं, कोई मेरा नाम कर दो"

"छोड़े है कुछ ख़त मैंने ख़ूने स्याही से लिखे हुए
दूँ सुकूं ख़बरे कुश्तन से उनको, कोई मेरा यह काम
कर दो"

"थमा देना हाथों में, और गिनते आना आंसू उनके
बदनामी मेरी कम न थी अब कोई उनको बदनाम
कर दो"

"न सही जाए अब सोज़िश और ख़ौफ़ खाए बैठा हूँ
शब से
कायर नहीं है शायर, बस ज़िन्दगी में कोई अब शाम
कर दो"

❧❧❧

"कुछ ज़ख्म थे, रहे कुशादा अब नासूर है
जिस पर तू हवा की लगती महज़ रवानी है"

"महफ़ूज़ रखे थे वो पन्ने पर अब सब कोरा है
जिस पर लिख रही तू प्यार की कहानी है"

"एक नाचीज़ है, जो मानिन्दे ताबीज़ है
जिस पर खुदा की हो रही बस मेहरबानी है"

"वफ़ा की कसमें खाते हो, बहुत देखा है ये
बेवफ़ाई होती नहीं बस खेलती ये जवानी है"

❦❦❦

"मालिकाना हमारा था, ताहम घर से निकाले गए हम
ख़ानाबदोश क़ाफ़िले की खोज में भटकते रहे हम"

"एक सूरत सजाई, जिसे बदसूरत लगने लगे हम
पर्दानशी एक आईने की तलाश में भटकते रहे हम"

"उसे वफ़ा सिखाई, ख़िताबे बेवफ़ा नवाज़े गए हम
वफ़ा आज़माने खातिर अपनी फिर भटकते रहे हम"

"बाज़ार से बचाया उसे, फिर नीलाम भी जो हुए हम
यारब एक मुश्तरी की चाह में दर दर भटकते रहे
हम"

"था अश्क़िया सनम से इक़रार, बस फिर जो टूटे हम
मुरत्तिब भी करते खुद को और साथ सिसकते रहे
हम"

❦❦❦

"बद्दुआ दे दी होती या मौत मांग ली होती
हमने तस्लीम हंस कर की होती"

"बेख़बर है इश्क़ से, जो तूने ख़बर दी होती

हमने हर बात बेअदब की होती"

"वफ़ा करे तू, जो ज़िन्दगी ये ख़्वाब सी होती
हमने हर झाडी गुलाब की होती"

"तू वफ़ा कर रही है, तूने एक सदा दी होती
हमने हर ज़हर भी दवा की होती"

"तेरे इश्क़ को तरसे, तूने बस रज़ा दी होती
हमने इश्कमय ये फ़ज़ा की होती"

"धनक ये इश्क़ है, जो तूने रूह रंग दी होती
हमने खुदा से भी जंग की होती"

"लिखता है शायर, जो तूने मोहब्बत दी होती
थोड़ी ही सही पर मिस्ले रक़ीब तो की होती
दरिया सा उड़ेल देता वो इश्क़ का तुझ पर
एक शाम ही सही जो उसके नाम की होती"

"पाबंदी है या तसल्लुत है तुम्हे खुद पर
सोज़ा आफ़ताब तुम तो अंगारा कर दो"

"क्यूं दिल ही में रखते हो अरमान अपने
इनका कोई और भी तो ठिकाना कर दो"

"दगाबाज़ है, न सह पाएगा ये रंग इतने
कुछ आंखों कुछ होठों से रवाना कर दो"

"आह-ए-फ़वाद सच हो जाती है अक्सर
हमें न सही क़ायनात को इशारा कर दो"

"सब्र की बस इंतहा होगी वो ऐ ज़ालिम
कि कोई न हो और तुम किनारा कर लो"

❧❧❧

"जहालत हमारी थी पर शिकवे उनसे,
मुहब्बत परवान चढ़ी थी हमारी कुछ इस क़दर
फ़कीर से हो चले थे हम एक शाह से वो,
हसरतें हमारी थी और इबादतें उनसे।।"

"एक खौफ़ सा था,
आवारगी का वो मंज़र हमने देख जो रखा था।
राज़ी होते तो कैद कर लेते उनको,
धड़कन मेरी चलती और सांसें उनसे।।"

❧❧❧

"कुछ तूने दिया तो कुछ बना लिया
दर्द इतना हो गया हमने आरे में सजा लिया"

"महफ़ूज़ रखा उसको और ज़रा दबा दिया
बह न जाए कहीं तो थोड़ा जमा भी लिया"

"गैरों को शायद हमने अपना समझ लिया
बेहद कीमती ये दिल था, वो भी दे दिया"

"कई दफा फटी जो चादर तो हमने सी लिया
कांपा बहुत मगर कुछ नया नहीं लिया"

"अमीरों ने जितना खेलना था खेल लिया
फिर तोड़ कर उसको आवारा फेंक दिया"

"अमीरों का राज़ अमीरों ने ही खोल दिया
खुद भी टूटे थे थोड़ा, हमे भी तोड़ दिया"

❧❧❧❧

"चले थे अकेले इस ज़िन्दगी की सहरा में,
सूखी रूहों के बीच एक हरियाली सी दिखी थी।
ख़बर न थी, हक़ीक़त थी या सराब।
हाँ, अब मंज़र कुछ ऐसा है कि,
बहुत थक कर हमने उस दरख़्त के साये में पनाह ली
है,
जिस पर ज़हरीले फल लगा करते है।
साथ होकर भी उनके हम कुछ यूँ तड़पा करते है,

बीच समंदर में रह कर भी लोग जैसे प्यासे मरा
करते है।।"

❧❧❧

"एक प्यारी सी नन्ही सी जान
सबके न जाने कितने अरमान"

"संसार है तो एक भूल भुलैया
पर खोना मत तू खुद को
तुझे तुझसे जोड़ने को
हाँ एक रामा यहां है"

"संघर्ष होंगे इम्तिहान होंगे
हाँ यह जीवन है तो एक काँटों की राह
पर तू तनिक भी डरना मत
तेरे संघर्ष में तेरे साथ चलने को
हाँ तेरा एक मामा यहां है"

❧❧❧

"ग़म भुलाने दो जिया जाएगा, भुलाकर भी क्या ख़ाक
जिया जाएगा
दिया उनका अब कुछ भी बचा नहीं, अब ग़म भी न
दिया जाएगा"

"महरूम थे उनके साये तक से भी, आज फिर दीदार
किया जाएगा
ख़ौफ़ खाए बैठे है खूबसूरती से, बिन इज़हार फिर न
रहा जाएगा"

"शाम होने तो दो देखा जाएगा, देख लिया गर तो
क्या देखा जाएगा
डूब जाएंगे नज़रों में उनकी, समंदर भी क्या प्याले से
पिया जाएगा"

"न ज़िन्दगी अब फासले से बेहतर है, तुर्बत मेरी न
और झुका जाएगा
दो कश्तियों पर खड़ा है शायर, बिन सहारे एक भी न
छोड़ा जाएगा"

🙢🙢🙢

"अभिलाषा है,
हर एक शिकन हटा सकूं चेहरे से तेरे
एक मुस्कान ला सकूं अधरों पे तेरे
तेरा जीवन सफल हुआ
बस एक एहसास उतार सकूं मन में तेरे।"

"वो प्यार, वो त्याग तेरा
जो हर मुश्किल घड़ी में ताकत बन जाता है
वो हर दुःख तेरा

जो हर सुख में भी चुभ सा जाता है।"

"रूकती नहीं है तू
समय को ही हारने का ठाना हो जैसे
तू रुकेगी कहाँ
सेवा को ही भक्ति तूने माना हो जैसे"

"मैं हूँ ही नहीं कुछ,
जब जब जीता हूँ तेरी शक्ति से
इबादत है मेरी
जीवन गुज़र जाए मेरा, तेरी भक्ति में।"

"अभिलाषा है,
कर दे तर
सूखे गले को जैसे जलती धूप में
पा सकूं मैं वैसेतुझे ही सदा अपनी माँ के रूप में।"

"नाम रोशन क्या हुआ नाम देने वाले अँधेरे में
इंतज़ार होता रहा हर रात के बाद सवेरे में
आँखें गड़ी रहती थी एक उम्मीद के वास्ते
उनकी अर्थी भी चली गयी है आज उसी रास्ते"

"जिस्म मेरा था और बाहें उसकी
होठ मेरे थे और प्यास उसकी
उंगलियां मेरी और सिहरन उसकी
दिल मेरा था और धड़कन उसकी"

"

इतना क़रीब था वो की सांसें भी साझा हो रही थी
मदहोशी मेरी थी और खुशबू उसकी।"

❧❧❧

"लाख बदलियां छा जाए, मैं धूप हूँ
मैं गर्मी अपनी छोड़ जाऊंगा"

"तुम जितना मसलो हथेली में, मैं फूल हूँ
मैं खुशबू अपनी छोड़ जाऊंगा"

"तू ऊसर सी, नहीं लहलहाता कोई खेत है
मैं बेकाम का नीर, तू किनारे की वो रेत है
एक पल है पास तो पल में मुझसे दूर है
लाख जला खुद को, तू नहीं कोई धूप है"

"ये व्यर्थ के प्रयास तेरे, मैं हठी समंदर हूँ
मैं नमीं अपनी छोड़ जाऊंगा"

"सुखा ले जो तू खुद को भी

मैं तुझे भिगोता जाऊंगा"

"छान भी ले तू हस्ती तेरी
खारापन अपना छोड़ जाऊंगा"

❧❧❧

"तू है नहीं तो क्या
तेरा ख़्याल तो मैं होने दूंगा
होठों को मुस्कुराने और आँखों को रोने दूंगा"

"उन आंसुओं को भी पी लूँगा मैं
तेरी एक भी चीज़ को क्या ऐसे ही खोने दूंगा मैं"

"माना असमंजस में है तू
पर आज रूह को एक बात कहने दूंगा मैं
तू चुन ले किसी को भी
तेरे उस एक इंकार से भी बस जीतूंगा मैं"

❧❧❧

"एक अजनबी पल भर में
जीवन भर का प्यार जोड़ गया
एहसास भी न हुआ कि कब
वो मेरी क्यारी का गुलाब हो गया"

"किसी माया है ये, क्यों
जाता देख उसे मैं भी रो गया
वो गुलाब आज मेरे बिस्तर में
ज़िन्दगी भर के कांटें छोड़ गया"

"एक नज़्म, कोई साज़
कभी धुन तो कभी अलफ़ाज़
कुरेद से जाते है ज़ख्मों को
जी तो करता है बयां कर दूँ
तेरी बेवफाई के किस्से
पर मेरा इश्क़ और तेरी लाज"

"न जाने क्यों, यह दर्द भी मीठा है
हो भी क्यों न, दिया जो तेरा है
महफ़ूज़ है सब कुछ मेरे पास
मीठी शरबत और तेरे राज़"

"सपना नहीं हक़ीक़त थी
अनजाने में एक ऐसा नाता जोड़ लिया
जुड़ा सपने में हुए और मैंने सोना छोड़ दिया"

"हाँ यह भी घड़ी दिखाई
ज़िन्दगी ने एक ऐसा मोड़ लिया
कोसते रहे और रोते रहे
उसको हसता क्या देखा मैंने रोना छोड़ दिया"

❧❧❧❧

"कोई आशिक़ हुआ, कोई आवारा हुआ
कोई मंजनू तो कोई राँझा हुआ
ज़ालिम दुनिया को न ये गवारा हुआ
बज़्मे मुहब्बत में फिर ज़लील किया
बेमुरव्वत खड़े देखते रहे वो
रवैये से उनके कोई वहशी हुआ तो कोई कायर हुआ
आशिकी, फ़रियाद, आवारगी, दिलफ़रोशी, सब कुछ
एक साथ किया
मानिन्दे राठौर जब जब कोई शायर हुआ"

❧❧❧❧

"दिल पर तेरे नाम मेरा
किसी की ऐसी एहमियत नहीं
एक बहाना, एक इल्ज़ाम
कुछ नफ़ा, कुछ नुक्सान
कुछ तो सोचा होगा तुमने भी
यह नाम जो पोंछा फिरते ही

घड़ियों में मुझे भुलाना
वरना ऐसी मेरी शख़्सियत नहीं"

❧❧❧

"वाह, तेरे लिए संवरने को जी करता है?
हवाओं को भी क्या उड़ने का मन करता है?
तू संवरने की बात करती है,
तेरे सादे चेहरे से तो वो चाँद भी जलन रखता है।"

"तेरी ख़ूब-सूरती की आँधियों ने कितने घर तबाह
किए है,
उड़ा ले चल मुझे उन बादलों में जहां तेरा शहर बसता
है।
तू शर्म और हया की बात करती है,
तेरी झुकती नज़रों पर तो आज भी खुदा जश्न करता
है।।"

❧❧❧

"बना है तू किस मिट्टी का
जो कमियों से मेरी तूने मुँह फेरा है
खुदा है तू ख़ूब-सूरती का
तेरी आँखों में मैंने खुद को खूबसूरत देखा है"

"तू प्रेम के सागर सी, दरिया मैं दोषों का

हाँ, मैंने खुद को तुझमें मिलते देखा है"

"मैं अँधेरी रात, तू सुनहरा सवेरा है
हमसागर से मैंने सुबह का सूरज उगते देखा है"

❧❧❧

"एक बात बताऊँ? सुन पाओगे क्या?
एक दफा बस उसको अपना चुन पाओगे क्या?
मोहब्बत उसने बेपनाह की थी
तुमसे ही निभी नहीं
एक दिल तोड़ने का बोझ उठा पाओगे क्या?"

"झल्ली सी थी, थोड़ी पागल सी थी वो
गुस्सा करती तो काले बादल सी थी वो
तेरे दर्द साझा किए थे उसने
तेरी खुशियों पर तुझसे ज्यादा खुश होती थी
उसकी आँखों के आंसू बन पाओगे क्या?"

"माना तुझे इश्क़ नहीं है,
माना, तुझे इश्क़ नहीं है उससे
पर मेरी सुन
एक आखिरी ख्वाहिश मान ले मेरी
उसे दूर जाने से तुम रोक पाओगे क्या?
तेरी खुशियों में आधा हिस्सा उसका है
उसे उसका हक़ दे पाओगे क्या?"

"अपनी ख्वाहिशों को सपनों में सजाते रहे
इस क़दर सुलूख हो गए की हर रात हसीं बनाते रहे
उजाला दिखाई देता है कोई रात ख़त्म हुई है शायद
अँधेरे के दर से हम हर रात को दिन बताते रहे"

"एक रोज़ बाज़ार में
एक जोड़े को बात करते सुना था
चेहरे पर न कोई हताशा थी, न डर
उन्होंने कहाँ ही कोई सपना बुना था"

"कहती है,
पंद्रह रुपया बचा है,
कहो तो चावल खरीद ले
कुछ दिखा तो वो संतोष था
एक दूजे को जो अपना चुना था"

"सुखों का आभास होता है हर तरफ
पर कहाँ उन्होंने कुछ भीख लिया था
फर्क नहीं पड़ता इस चकाचौंध से अब
इच्छाएं जो मारना सीख लिया था।"

"कुछ जागा, कुछ सोया
एहसास तो कम हुआ
पर रातों को बहुत रोया"

"कुछ जिया, कुछ मारा गया
एहसास तो कम हुआ
पर चैन मेरा सारा गया"

"कुछ किया, कुछ हो गया
एहसास तो कम हुआ
पर इश्क़ बेपनाह हो गया"

"दुःख है
कुछ हुआ, कुछ किया गया
महरूमों के शब्दों से ही पर
प्यार तो बदनाम किया गया"

❧❧❧

"कुछ लिखना चाहता हूँ
कुछ कहना चाहता हूँ
बयां करके ये दर्द
मैं फिर सहना चाहता हूँ"

"लिखना, कहना और सहना

दरिया स्याही का

ये तो सब बहाने है
मैं तो तेरे होने के एहसासों में
फिर से रहना चाहता हूँ"

"ये शब्दों का प्रवाह तो
शांत हो जाएगा एक दिन
तेरी यादों के समंदर में
मैं सदा ही बहना चाहता हूँ"

"कुछ लिखना चाहता हूँ
कुछ कहना चाहता हूँ
बयां करके ये दर्द
मैं फिर सहना चाहता हूँ"

❧❧❧

"कलम रूकती नहीं थी तमामों की दुहाई में
आज शब्द नहीं मिल रहे यारों से जुदाई में"

❧❧❧

"इस शोर मचाती दुनियां में
किसी को शांत रहना भी भाता है
ज़िक्र कर खुद का
किसी को वाह लूटना भी आता है"

"विविध है, जीवन्त है
फिर भी सब ठहरा सा हो जाता है
इस भीड़ में खोकर भी
वह स्वयं को तनहा ही पाता है"

"सत्य के आस्तित्व को जान कर भी
प्रयासों के भय में वह
सत्य से अनभिज्ञ
परमात्मा से वंचित रह जाता है"

❧❧❧

"जो दिखा दे सो कम है
जीवन एक ऐसा भ्रम है
प्रसंगो का सुनियोजित क्रम है
प्रश्न में यहाँ तेरा ही श्रम है"

"अनुभव करेगा तू भी कभी शक्तिहीनता का
अभिलाषित फल न मिले जब कर्म में लीनता का"

"तू लड़ता जा बस लड़ता जा
अंत न हो जब तक अभिलाषा का
करेगा जब त्याग तू फल की ईप्सा का
परिचय पाएगा जगत तब तेरी क्षमता का"

"अनुभव करेगा तू भी तभी तेरी शक्ति का

जानेगा जब रहस्य तू वर्तमान की भक्ति का"

❧❧❧

"अंततः ये संसार खुशियों से भर गया
हम सोचते रहे और पर्दा गिर गया"

"सभी दुखों का निवारण बस कहानियों में हो सकता
है
वरना तो समस्याओं के साथ भी जीवन चल सकता
है"

"सुख दुःख कहें सब नज़रिये की बात हूँ
जान ले ज़िन्दगी में कितना तैयार है तू"

"तैयार कर खुद को और कर कुछ ऐसा काम
मर भी जाए गर तू अमर रहे तेरा नाम"

❧❧❧

"एक दिया रखा था
पर वो आरा भी रोशन न था
तुम जाते जाते एक मशाल थमा गए"

"अहम् उस रौशनी का
फिर ख़बर न ली उस आरे की

अभय सिंह राठौर

तमस बढ़ा कुछ इस क़दर
रौशनी भी छीन ली ज़माने की"

❧❧❧

"करना पड़ा किसी और को पर्दा
किसी और की गन्दगी छिपाने को
सरक गया गर तो है कुछ नाटक रिझाने को"

"ए आदमी! अच्छा है तेरा यह प्रपंच
अपनी ही गन्दगी छिपाने का
अपनी जात को कलंक से बचाने को
जब दे दिए नाम तूने रिवाज का"

❧❧❧

"छज्जे पे खड़ी है, हवा में गर्मी बढ़ने वाली है
मुस्कान बड़ी है, बर्फ़ दिलों की गलने वाली है"

"मोर पंख खोल रहे है, बरसात आने वाली है
वो केश खोल रहे है, क़यामत आने वाली है"

"पंक्षी बोले है, कोई किरण पर्वत चूमने वाली है
वो भोले है, हनु से सादगी टपकने वाली है"

"अनजान है, कतारें आशिक़ो की लगने वाली है

दरिया स्याही का

बदनाम हैं, न भूख किसी की मिटने वाली है"

2. द्वितीय खंड

"मचल रहा हूँ, फिसल रहा हूँ।
तमामों के हुस्न से रुख़सार की ये लाली बहुत है।
कोई बता दो उस चाँद को आशियाने में लौट जाए
आज अँधेरा बहुत है।।"

"अँधेरे आकाश के तले,
मैंने अपने एक मात्र साथी से पूंछा;
की क्यों है हम तनहा और कोई हमे क्यों न भाये है?
हवाएं बोली तुम अपना देखो हम तो अभी हज़ारों की
ज़ुल्फ़ों से खेल कर आये है।"

"परवानगी में भी कहीं मज़ा है
हम तो एक ही शमा के दीवाने है
वो तो समंदर है राठौर
पर उसके भी कई किनारे है"

❧ ❧ ❧

"एक साथी की तलाश में मैंने एक नयी चीज़
अपनायी है
किसी ने पूंछा तो मैंने बताया वो तन्हाई है।"

❧ ❧ ❧

"है जुनूं कितना चादर की सिलवटें बता देती है
पर हाल ए दिल तो बस करवटें सुनाती है"

❧ ❧ ❧

"बुला तो लिया यूँ चुपके से इशारा करके
पकडे जाओ तो चल न देना कहीं किनारा करके
सह लूँगा सारे दर्द भी तेरी मोहब्बत में पर
जाना मगर मरहम लगाने का वादा करके"

❧ ❧ ❧

"हर लत, ये शराब,
तेरी क़ुर्बत और शबाब
फ़ासले हमसे नहीं मायने जिसके
पर मेरी गुरबत, ग़ैर नवाब"

❦❦❦

"गुरूर था ये मेरा
दिलचश्पी नहीं है मुझे इन मुखड़ों में
कितनी मतलबी दुनिया है राठौर
कल कम्बख़्त दिल ने साथ नहीं दिया और आज
लफ़्ज़ों ने"

❦❦❦

"कुछ ऐसा नशा था, उस छिपे शबाब में
जो छिप भी न पाया उस लिबास में
ये नज़रें ढूंढ रही है उन नज़रों को अब हर इक
हिजाब में
तसव्वुर किया था जिनको हमने अपनी हर किताब
में"

❦❦❦

"ख़्याल कुछ ज़रा डरा सा देता है
बुझी आग को फिर हवा देता है
कितना भी समझाओ कम्बख़्त दिल को
राख़ से आग भी निकाल ही लेता है"

❦❦❦

"कुछ तुम तड़पो कुछ हम तड़पे
इस इश्क़ को गहराने में ये दूरियां ज़रूरी है
नहीं, सिर्फ आशिकी नहीं
इस मुहब्बत को मुकम्मल बनाने को
तेरे हाथों में मेरे नाम की चूड़ियां भी ज़रूरी है"

❧❧❧❧

"यूँ तो गुफ़्तगू अकेले में तमाम कर गए
पर क्यों प्यार का इज़हार सरेआम कर गए
कहते थे रह नहीं सकते मेरे बग़ैर
फिर क्यों जाते जाते मेरी मौत का इंतज़ाम कर गए"

❧❧❧❧

"अब मैंने और भी आस लगा ली है
जब से एक आग ने मेरी प्यास बुझा दी है"

❧❧❧❧

"मेरी उँगलियों को ज़रा आँख बंद करके महसूस
करना
तुम्हारे बदन पर ही तुम्हे जन्नत की सैर कराएंगी

संग ले चलना मुझे भी
बस मुहब्बत से देखना और ये रूह भी ग़ैर हो
जाएगी"

❧❧❧

"सालों बाद फिर महफ़िल सजी
सब मोहब्बत से अपनी मोहब्बत का इज़हार कर रहे
थे
और हम आज भी तन्हा ही
पीछे बैठ कर बस बोतल खुलने का इंतज़ार कर रहे
थे"

❧❧❧

"ज़माने हो चले वो मेरी गली न आया
पर आज कैसा ये परिचित सा साया
दिल में है एक सैलाब सा लाया
ऐ ख़ुदा, गुज़ारिश है मेरी ये साया वो न हो
अरसों बाद एहसास ए वफ़ात मुझे फिर न दो"

❧❧❧

"हम एक मूरत तराशते रहे
और वो मासूमियत तलाशते रहे

मासूमियत भी इतनी मासूम थी की
वो फिर अपनी ही सूरत नकारते रहे"

❧❧❧

"दूर रहा नहीं जाता
दर्द सहा नहीं जाता
इन्तेहाँ हो गयी है इंतज़ार की
अब कुछ कहा नहीं जाता
कर गुज़रेंगे कुछ भी अब तेरे दीदार को
इस तरह आशिक़ों के सब्र का इम्तेहान लिया नहीं
जाता"

❧❧❧

"निकल पड़ा मैं असत्य खोजने
कुछ भी असत्य न जान पड़ा
निकला जब सत्य की खोज में
सब कुछ असत्य ही ज्ञात हुआ।"

❧❧❧

"अक्सर जो हमारे समक्ष है
जो सीधा और सरल है
जो मीठा और सरस है

अभय सिंह राठौर

वो सत्य नहीं असत्य है।"

❦❦❦

"जान कर भी अनजान बना
समंदर को क्यों मैंने तालाब कहा
सपनो का एक किला
तो हमने भी बना लिया
पर कमबख्त वक़्त ने ही
लहरों सा रास्ता मोड़ दिया"

❦❦❦

"मैं रो भी दूँ तो टूटना मत
आँखों में आँख डाल कर कुछ पूंछना मत
झूठ बोल पाउँगा नहीं मैं
गर सच निकल भी जाए तो रूठना मत"

❦❦❦

"एक इंसान टूटा है।
शोर और धुंआ कुछ इस क़दर हुआ है
न उसे वो माँ दिखाई दी
जिसे उसने कभी अपनी आँखों से ओझल न होने
दिया

और न सुनाई दी अपने बाबा की वो आवाज़,
जो उसके लिए कभी एक पत्थर की लकीर हुआ
करती थी।"

"मेरे हाथ में उसका हाथ और हम साथ चल रहे थे
उसने हाथ छोड़ा और सब थम गया
तब पता चला, वो मुझे चला रहा था।"

"इश्क़ न होता तो ठीक होता
इश्क़, न होता तो ठीक होता
कमबख़्त जो भी होता बार बार तो होता
और इश्क़ होता तो ठीक होता
इश्क़, होता भी तो ठीक होता
मगर आलमे जज़्बात ये उनका भी तो होता"